VORSILBEN

HERTALDIS OFFERMANN

VORSILBEN

Bibliografische Information der Deutschen
Nationalbibliothek:

Die Deutsche Nationalbibliothek verzeichnet diese
Publikation in der Deutschen Nationalbibliografie;
detaillierte bibliografische Daten sind im Internet über
http://dnb.dnb.de abrufbar.

Herausgeber und Gestaltung:
Ralf Höpfner, Hamburg
Fotos © 2018 Hertaldis Offermann, Berlin

Herstellung und Verlag:

BoD – Books on Demand, Norderstedt © 2018

ISBN: 978-3-752-82467-4

DIE VORSILBEN:

WEG   VOR   HIN

DAS GRUNDVERB WURDE SO OFT BEREITS

GEDEUTET, DASS ICH MICH NUR NOCH AUF DIE

VERÄNDERUNGEN DURCH DIE PRÄFIXE:

W E G   V O R   H I N   BEZIEHE.

ES SOLLEN NUR ANREGUNGEN SEIN, SICH BEIM
BENUTZEN DER DEUTSCHEN SPRACHE DER
FEINEN UNTERSCHIEDE BEWUSST ZU WERDEN;
DENN MUTTERSPRACHLER LERNEN ES DURCH
IHRE BIOGRAFIE UND ENTSPRECHENDE
NACHAHMUNG; DOCH FREMDSPRACHIGEN
LERNENDEN MÖCHTE ICH DIE FEINEN NUANCEN
DURCH BEISPIELE AUFZEIGEN.

MEINE EIGENE FREUDE DABEI ENTSTEHT DURCH
DAS HERUMSPAZIEREN UM DAS GRUNDWORT,
DAS DURCH DEN LESER SICHER NOCH FEINER
UND INDIVIDUELLER AUSGELEUCHTET WERDEN
KANN.

Hertaldis Offermann, Frühjahr 2018

BEWEGEN

Begegnest du einem knurrenden Hund, den sein Besitzer an der Leine hält, wirst du dich oftmals von ihm wegbewegen. Überhaupt kann man sich nur wegbewegen, wenn man in einer Gefahrensituation frei beweglich ist und durch das Wegbewegen mehr Sicherheit für sich versucht zu erreichen. Von einer Abgrundkante werde ich mich wegbewegen, weil ich Angst vor Abbruch oder Absturz habe.

Erntemaschinen werden wir vorbewegen wie zur beabsichtigten Ernte notwendig ist. Im Frühjahr muss man den Pflug vorbewegen, um den Boden für die Saat vorzubereiten. Vorbewegen ist oft mit einem Arbeitsergebnis verbunden, was jeweils als Ziel angestrebt war. So wird auch der Holzrücker das Pferd vorbewegen, um die Stämme an eine bestimmte Stelle zu bewegen

Entdecke ich ein gewünschtes Objekt und will es an mich nehmen, werde ich mich ganz gezielt hinbewegen.
Ich stelle mir gerade einen Rettungsversuch zu einem ins Eis Eingebrochenen vor, wie die Retter mit diversen Hilfsmitteln sich zum Hilfesuchenden hinbewegen.
Beim „Mensch ärgere dich nicht" Spiel lege ich es darauf an, meine Steine auch in das Ziel hinzubewegen, um zu gewinnen. Im Schachspiel will ich immer die Figuren so hinbewegen, dass sie meinen Angriffsplan zum Erfolg führen.

BIEGEN

Öffnet man Konservendosen kann man die fast aufgeschnittenen Deckel für das Ausschütten wegbiegen. Die Enden eines Drahtgeflechtes wird man so wegbiegen, dass sie keine Verletzungsgefahr sind. Ein Arzt, der sich die Haut hinter dem Ohr ansehen will, wird die Ohrmuschel wegbiegen, um eine freiere Sicht zu bekommen.

Künstler, die einen Entwurf im Kopf haben, werden Drähte vorbiegen, ehe sie sie mit anderem Material ummanteln. Auch beim Töpfern wird der Henkel eines Gefäßes durch Vorbiegen für seine künftige Form vorbereitet. Instrumentenbauer behandeln das zu verwendende Holz so, dass sie es vorbiegen können für den vorgesehenen Klangkörper.

Hinbiegen kann man dagegen Aussagen, dass sie nicht mehr der Wahrheit entsprechen, sondern einem Zwecke folgen. Auch Fehler kann man durch geschicktes Manövrieren wieder hinbiegen, dass der Schaden minimiert wird. Wie oft kann man hören, das werde ich schon wieder hinbiegen, das meint ein Streit wird geschlichtet oder ein materieller Schaden ersetzt. Nicht hinbiegen kann man jedoch seelische Wunden, die begleiten uns immer. Auch körperliche Verletzungen kann man nicht hinbiegen. In welcher Intensität das beabsichtigte geistige Hinbiegen gelingt, ist nie vorhersagbar. Manches wird zwar scheinbar wieder hingebogen, doch das Vergessen ist nicht garantiert.

BRINGEN

Allen anfallenden Abfall werden wir aus dem Haushalt wegbringen. Auch ausrangiertes Mobiliar müssen Menschen wegbringen, was auf unseren Überflusswohlstand hindeutet, denn wer nichts hat, muss und kann nichts wegbringen. Ich muss die Schuhe wegbringen, um sie reparieren zu lassen, auch das Auto werde ich wegbringen, um die Winterreifen aufziehen zu lassen. Beim Hören des Wortes bringen erwarte ich etwas von einem Anderen zu bekommen oder zu einem Anderen etwas zu bringen. Doch die Vorsilbe w e g wird in der entwertenden Bedeutung deutlich im Satz --- er musste die Leiche wegbringen ---. Also: endgültig!

Eine Bitte, einen Antrag, einen Wunsch muss Jeder vorbringen, damit die Angesprochenen darum wissen. Aber auch Beschwerden, Klagen, Vorwürfe werden Geschädigte vorbringen und Wiedergutmachung oder Rechtfertigung oder auch nur Genugtuung zu erreichen. Vorbringen eines Ansinnens hat immer Hoffnung im Gepäck. Das wird von Jedem oft schon im Vorfeld abgewogen, ob es sich lohnt.

Das Geburtstagsgeschenk würde Jeder am liebsten hinbringen, weil er die Freude des Beschenkten sehen, erleben, fühlen möchte. Wenn wir unsere Jüngsten das erste Mal zur Fremdbetreuung hinbringen, werden wir oft trauriges Klagen erleben, denn bei solchem Hinbringen wird die Trennung von Geliebtem gefühlt.

EILEN

Wegeilen kann man immer Diebe, Räuber und andere Verbrecher sehen. Spielen Kinder miteinander Verstecken, kann man alle wegeilen sehen, wenn der Suchende sich wegdreht und beginnt zu zählen bis er sich zum Suchen wieder umsieht. Kommt eine Riesenwelle auf einen Badestrand zu, werden alle schnellstmöglich wegeilen, um sich in Sicherheit zu bringen.

Gehen Erzieher mit Kindergruppen zu einem gemeinsamen Ziel wie Tiergarten oder Spielplatz müssen sie sehr aufmerksam darauf achten, dass Einige nicht ungezügelt voreilen. Eine Kindergruppe erschien einer jungen Erzieherin mal verschluckt vom Erdboden, weil ein paar unbedingt voreilen wollten und so hinter einer Bergkuppe nicht mehr zu sehen waren. Versuchen zwei oder mehr noch ein Verkehrsmittel zu erreichen, wird oft einer voreilen, um noch um verzögerte Abfahrt zu bitten.

Werde ich Zeuge eines menschlichen Hinfallens, werde ich hineilen, um zu helfen beim Aufstehen. Werden Sonderverkäufe angekündigt, kann man das Hineilen neugieriger Kunden beobachten. Besondere Veranstaltungen verlocken oft riesige Menschengruppen nicht nur zum Hineilen zum Kartenerwerb- nein auch zu den Veranstaltungen kann man sie hineilen sehen, weil sie gute Plätze ergattern möchten.

HÄNGEN

Im Frühjahr werden wir die Winterkleidung lustvoll weghängen, weil wir uns auf die leichtere Oberbekleidung im Sommer freuen. Nach einem Theaterbesuch oder einem besonderen Tanzabend werden wir am nächsten Tag die besondere Garderobe auch weghängen bis zum nächsten Gebrauch. Nach dem Reiten muss man das Zaumzeug samt Zügel wieder weghängen, denn nur die Trense bekleidet Pferde im Stall oder auf der Koppel.

Menschen erden immer etwas vorhängen, wenn sie eine Privatsphäre suchen wollen oder aber zu grelles Sonnenlicht im Zimmer stört. Ebenfalls werden sie etwas vor die Fenster vorhängen in der Nacht wenn für sehr empfindliche Menschen der Mond zu hell scheint, um nicht schlafzuwandeln.
An Türen, hinter denen was Besonderes gesichert oder verborgen werden soll, werden manche Menschen Schlösser vorhängen.
Kleinen Kindern werden Mütter als Schutz vor Flecken ein Lätzchen vorhängen.

Bilder von Menschen, die uns bedeutsam sind, werden wir zur steten Erinnerung hinhängen. Küchenutensilien, die ihren festen Platz an der Wand haben, müssen wir nach dem Gebrauch gesäubert wieder genau dort hinhängen sonst entsteht eine heillose Unordnung.

HÜPFEN

Nähern wir uns auf einer Wiese einem Grashüpfer, wird er weghüpfen – genau so, wie ein Frosch weghüpfen wird, wenn unsere Schritte den Untergrund erschüttern. Hasen kann man nur beim Weghüpfen beobachten, denn sie sind schnell und wild. Mein Hund und ich haben mal sehr erschrocken innegehalten als ein junges Reh beim Weghüpfen über einen Zaun setzte.

Kleinkindern kann man beim Vorhüpfen oft zusehen, denn sie lieben tanzen und bewegen und zeigen ihren Übermut im fröhlichen Vorhüpfen.
Beim Spiel Sackhüpfen versuchen die Wettkämpfer immer so weit wie möglich mit Schwung vorzuhüpfen, um als erste im Ziel anzukommen.
Auch beim Hopsespiel gewinnt nur, wer beim Vorhüpfen nicht auf eine Linie springt.

Robben und Seehunde kann man auch beim Hinhüpfen beobachten, wenn sie sich den Belohnungsfisch abholen wollen, den der Tierpfleger in der Hand hat.

HALTEN

Hat sich mein Hund auf der Straße in Schmutzlachen gesuhlt, werde ich ihn von meiner Kleidung weghalten. Ebenso werde ich meine Kinder von knurrenden Hunden weghalten, um sie keiner Gefahr auszusetzen. Beim Backen sollte man die naschenden Finger vom Teig oder der vorbereiteten Cremefüllung weghalten, damit noch genug übrig bleibt. Väter kann man beim Windeln beobachten, dass sie die schmutzigen Windeln besonders weit weghalten.

Ehepartner, die sich gegenseitig Fehler vorhalten, haben den Blick auf das Wesentliche verloren. Wer liebt, wird das Anderssein akzeptieren und nicht das Anderssein als wie man sich es wünscht vorhalten.
Arzneien, die Vorhalten nennt man auch Depotpräparate, weil sie schrittweise abgebaut werden. Zum Beispiel gibt es Antizeckentabletten, die einen Monat vorhalten und den Schädlingsbefall vermeiden. Überrascht mich ein Fremder im Bad, werde ich ein Handtuch oder Ähnliches vorhalten, um meine Blößen zu bedecken.

Das Hinhalten ist eine beliebte Technik, um eigene Ziele zu verfolgen. So kann man hinhalten, um mit der Wahrheit nicht gleich herauszurücken oder mit Ausreden, wenn ein Arbeitsauftrag noch nicht fertig erledigt ist.
Die Wange oder den Mund hinhalten ist eine Geste der Zuwendung, die um einen Kuss bittet.
Muss der Arzt meine Wunde versorgen, werde ich die lädierte Körperstelle auch hinhalten.

NEHMEN

Willst du einem Hund seinen geliebten Knochen wegnehmen, begibst du dich in große Gefahr. Wie immer ein Wegnehmen meist Ärger erzeugt, weil immer ein Anderer Anspruch darauf erhebt. Sei es die Freundin oder der Freund oder auch ein Posten ebenso bei materiellem Gut. Anders ist es, Schaden zu verhindern, wenn wir dem Kleinkind Ungenießbares wegnehmen oder aber auch gefährliches Spielzeug wie Messer, Schere, Feuerzeug und ähnliche Dinge.

Wenn der Jahreswechsel naht, hörst du von Vielen, was sie sich für das nächste Jahr vornehmen und ändern wollen. Das Vornehmen hält aber oft nur eine kurze Weile. Besser wär es, bestimmte kurzzeitige Etappen als Ziele sich vornehmen, dann ist bald eine Abrechnung möglich und man kann sich die nächste Zeitteiletappe vornehmen mit guten Vorsätzen. Ob Leistungen in der Schule oder das Gewicht zu beobachten oder die Bewegung zu steigern. Das edelste Vornehmen würde sein, dass wir uns vornehmen, achtungsvoll, respektvoll und liebevoll miteinander umzugehen.

Hinnehmen muss man nicht alles. So wie wir oft Krankheit oder Schicksal hinnehmen müssen, so kann man sich gegen Unwahrheiten und Verleugnungen wehren und muss Ungerechtigkeiten nicht hinnehmen. Ein aufgerichtetes Entgegentreten zeigt, dass wir vom Menschen erzeugten Schaden nicht hinnehmen müssen.

BEIZEN

Beizen beschreibt ein Entfernen einer äußeren Schicht- ob durch Wetter verursacht oder durch aufgetragene Materialien, die den weiteren Arbeitsvorgang beeinflussen würden. So beginnt man oft das Wegbeizen mit einem Vorbeizen an einer nicht so sichtbaren Stelle, um zu überprüfen, ob der gewünschte Erfolg mit dem Beizmittel auch erreicht werden kann.

Auf dem Weg zu meiner Vorstellung, die ich mir vom Beizen versprochen habe, wird oft ein Hinbeizen auf die Übereinstimmung zwischen Vorstellung und Realität nötig sein.

Die drei Vorsilben bezeichnen also eigentlich nur einen unterschiedlichen Zeitpunkt des Verbs – beizen – in der Anwendung.

ARBEITEN

Liegt ein Riesenarbeitsberg auf meinem Schreibtisch, bemühe ich mich, dass ich ihn wegarbeiten kann. Auch im Garten warten oft große Mengen an Arbeiten im Frühjahr auf mich wie auch im Herbst, die ich einfach wegarbeiten muss.

Manche Betriebe sind so organisiert, dass man eine bestimmte Pflichtarbeitszeit vorarbeiten kann. Auch im Haushalt kann ich manchen Arbeitsprozess durch Vorarbeiten beeinflussen. So werde ich das Hefestück ansetzen, wenn ich Stollen backen will oder die Rosinen in Alkohol einlegen oder das Rinderbratenfleisch in einem Sauermilchbad säuern lassen als Vorarbeiten zum eigentlichen Fertigungsprozess.

Das Schreiben von Dissertationen verlangt ein aufwendiges zielstrebiges Hinarbeiten sowohl in der Forschung im Geiste als oft auch in der Praxis auf die Verifizierung oder Falsifizierung der aufgestellten Hypothesen. Dieses Hinarbeiten zeigt sich im Schriftprotokoll der Ergebnisse als auch die schlussfolgernden Gedanken und Resultate als Handlungsimpulse für die Zukunft.
Hinarbeiten ist das abhängige Tun vom gegebenen Ziel. Auch der Akkordarbeiter muss auf das angestrebte notwendige Ziel hinarbeiten, um die Norm zu erfüllen und seien angestrebten Lohn zu verdienen.

GEHEN

Aus einem nicht lösbaren Konflikt im Moment kann man durch Weggehen die Gemüter zum Nachsinnen anregen. Durch das Weggehen werden die Gedanken und die Selle wieder für persönliche Prioritäten frei. Weggehen aus der häuslichen Umgebung wird oft als besonderes Erlebnis geplant und durch besondere Kleidung unterstrichen. Will jedoch ein Familienmitglied weggehen, werden bestimmte Familienmitglieder Freude und andere Traurigkeit fühlen.

In Gefahrenmomenten werden Verantwortliche oft vorgehen, um die Situation zu erkunden und sichere Wege suchen. Ein Plan zu einem bestimmten Ziel verlangt ein bestimmtes Vorgehen, um ohne Umwege und unnütze Kraft zu vergeuden, das Ziel zu erreichen. Eltern fragen sich oft gerade bei Heranwachsenden- was wird in ihnen bei bestimmten Stresssituationen vorgehen, um sich helfend ihnen zuwenden zu können.

Zu einem ersehnten Event werde ich hingehen, um ein fröhliches Erlebnis zu haben. Lese ich eine Ankündigung von einer besonderen Ausstellung, freue ich mich schon lange davor auf das Hingehen. Begegne ich auf der Straße einer Menschenansammlung reizt es mich auch, dass ich dort hingehe und erst danach denke ich an mögliche Risiken oder an eigene Erlebnisgier.

HOLEN

Begebe ich mich zu sehr in die Nähe ansteckender Krankheiten, kann ich mir diese Krankheit auch „wegholen". Von gefährlichen Situationen werde ich nicht nur mir liebe Menschen wegholen. Sowohl in der Natur gibt es Gefahren als auch in sozialen Gruppen gibt es Gefahren, die das daraus Wegholen zu einer gesellschaftlichen Pflicht werden lassen. Die ganze Gerichtsbarkeit bezweckt so ein Wegholen aus schädigendem Verhalten.

Geschenke wird man zum geeigneten Anlass vorholen, um Freude zu bereiten. Archäologen wollen bei ihren Grabungen Zeugnisse alter Kulturen vorholen, um Sitten, Gebräuche und Wissensstand früherer Generationen zu erforschen. Lehrer benutzen das Vorholen an die Tafel, um Kindern die Möglichkeit zu geben, ihr Wissen den Anderen zu beweisen und damit Lerneifer zu belohnen. Jedoch gibt es auch tadelnswerte Lehrer, die Schüler zur Blamage und zur Demütigung an die Tafel vorholen.

Im Restaurant nutzen Gäste zum Hinholen der Bedienung oft Sprache oder Zeichen, wenn dessen Aufmerksamkeit nicht umfassend. Tiere werden Dresseure mit Leckereien an Anfang zu sich hinholen- bis die Erwartung die Tiere zum Reagieren auch ohne schmackhafte Belohnung verführt. Jedes „komm mit" ist ein Hinholen zu einem Ereignis, woran der Andere auch teilhaben sollte.

GEBEN

Eltern, die ihre Kinder weggeben, werden allgemein von der sozialen Umwelt verurteilt, weil in der Natur für den Nesthocker Mensch das nicht vorprogrammiert ist. Weggeben materieller Dinge kann sehr unterschiedliche Gründe haben. Entweder man hat dafür keinen Verwendungszweck mehr oder der Verkauf ist kostspieliger als der Ertrag oder aber mich berührt die Not eines Anderen so, dass ich aus Mitgefühl etwas weggebe. Aber auch eine neue geistige Gesinnung kann mich zum Weggeben anregen. Wenn ich zum Beispiel einer bestimmten religiösen Idee folge.

Das Vorgeben ist eine absichtliche Täuschung, denn ich werbe mit materiellem, geistigen oder seelischen Gut, über das ich nicht verfüge. Im Berufsleben, im Werben um Freunde oder auch im partnerschaftlichen Leben begegnet uns solches Verhalten. Wobei ich das Wort partnerschaftlich dabei eigentlich nicht akzeptieren kann, denn es dient nur dem eigenen Zweck. Wer sich nicht gibt wie er ist, darf sich nicht über Enttäuschungen wundern, denn er selbst war der Täuscher. Kinder sind oft zu beobachten, wie sie bereitwillig geliebtes Spielzeug hingeben, wenn ein noch begehrteres Verhalten wie Zuwendung oder Mitgenommen werden von Gruppen winkt. Idealisierungen von Gruppen erreichen oft sogar das Hingeben des Lebens um einer vermeintlichen Idee willen. Das sich im völligen Ausliefern sich äußernde Hingeben kann höchstes Glück bedeuten als auch größte Gefahr, weil alle Verantwortung hingegeben wird.

LOCKEN

Tiere kann man durch Listen von ihren Ruheplätzen weglocken durch sie verlockenden Fleischgeruch. Räuber werden sich Listen ausdenken, wie sie Bewacher von ihrer beabsichtigten Beute weglocken. Zum Beispiel durch vorgetäuschte Untaten an anderem Ort. Eltern sind oft sehr geschickt im Weglocken der Kinder von Begehrtem in Kaufhäusern, indem sie sie zu ihrer Meinung nach noch Begehrterem hinlocken. Weglocken soll zum Verlassen anregen und Hinlocken zum Kommen.

Katzen will man durch sich bewegendes Spielzeug vorlocken, sich aus ihrem Versteck zu bewegen. Sie selbst halten ganz still vor einem Mäuseloch, weil sie keine Möglichkeit zum Vorlocken haben. Beim Versteckspiel der Kinder wird der Sucher durch künstliche Geräusche wie Steine werfen oder sich selbst verstecken die zu Suchenden vorlocken, um zum Erlösungspunkt zu rennen.

Schon die Hexe im Märchen „Hänsel und Gretel" verstand es, die Kinder hinzulocken. So zeigen uns viele Märchen, wie in böser Absicht das Hinlocken zu verderblichen Orten geschieht. Doch gibt es auch ein Hinlocken in guter Absicht, wenn zum Beispiel eine Überraschung vorbereitet wurde, wo der Überrascher sich selbst ebenso auf die Freude des Überraschten freut wie der Hingelockte.

FAHREN

Hat Jemand eine Reise geplant, ersehnt er den Termin, an dem er wegfahren kann. In einem Rennen bemüht sich Jeder, dem Konkurrenten wegfahren zu können. Auch von einem im Verkehrsfunk angesagten Stau werde ich wegfahren, wenn ich einen anderen Weg weiß. Aus Atomkraftwerken wird der verstrahlte Abfall zu bestimmten dafür vorgesehenen Orte wegfahren. Auch die Straßenreinigung kann man beobachten, wie sie das Laub im Herbst aus den Innenstädten wegfahren, manchmal ebenso zu viel Schnee im Winter.

Der Chauffeur wird den Wagen für seinen Arbeitgeber vorfahren. Auch lassen Portiers bestellte Wagen vorfahren. Aber beabsichtigen Familien, ihren Lebensort entscheidend zu verändern, kann es sein, dass ein Teil erst mal vorfahren soll, um die Umsiedlung vorzubereiten. Das Wort Vorfahren kommt sicher daher, dass wir auf den „Wegen" der vor uns Gewesenen weiterfahren.

Zum angestrebten Ziel werden wir hinfahren. Der Anlass ist egal, doch immer ist ein Ziel für das Hinfahren Voraussetzung. Auch ein Fortbewegungsmittel mit Rädern ist notwendig. Egal ob Zug, Auto, Fahrrad.
Im Sprachgebrauch gibt es auch das „Hinfahren" als Metapher für das Sterben – vielleicht auf den Flügeln der Engel zum Himmel?

MACHEN

Werden Sprayer erwischt oder ermittelt, müssen sie ihre unerlaubten Schmierereien wegmachen. Um die Spuren zu beseitigen, gibt es sogar Firmen, die solche Verschmutzungen wegmachen. Auch Hinterlassenschaften von Hunden müssen die Besitzer wegmachen, um für die Umwelt, sowohl für Mensch und Tier in Städten keine Gefahr zu verursachen.

Das Vormachen wird oft nötig, wenn bestimmte Fertigkeiten erlernt werden sollen. So wird in der Lehrzeit der Ausbilder in bestimmten Berufen etwas vormachen, was dann vom Lehrling geübt werden muss. Auch im Sport werden Schüler oft durch Vormachen angespornt, weil sie sehen was möglich und erreichbar ist. Wir Menschen lernen auch viel durch Nachahmen und deshalb ist das Vormachen eine gute Fertigkeits-Erlern-Hilfe. Aber es gibt auch ein Vormachen, das einen Anschein von Wissen erzeugen soll, es ist ein falsches Spiel, weil dabei immer Unwahrheiten vermittelt werden. Es wird geistiges seelisches materielles Vermögen durch sprachliche Mitteilungen vorgemacht.

Hundebesitzer werden gern Auslaufgebiete nutzen, weil sie nicht das Hinmachen auf Gehwegen oder Spielplätzen von Kindern befürchten müssen, wenn ihre Vierbeiner ihren nötigen Auslauf bekommen.

JAGEN

Wegjagen werde ich unerwünschte Gaffer an meinem Fenster, aus meinem Garten, von meinem Haus. Wegjagen trifft aber auch alle Mücken, die sich an meinem Blut laben wollen. Auch Hunde, die mir ans Bein pinkeln wollen, werde ich wegjagen. Manchmal bemüht man sich auch um das Wegjagen unangenehmer Bilder und Gedanken, was nicht immer gelingt. Ängste möchte ich gerne wegjagen, obwohl Angst oft sehr sinnvoll und lebenserhaltend sein kann.

In Kindergruppen muss der Erzieher sehr darauf achten, dass besonders wilde Kinder nicht vorjagen und sich so der Aufsicht entziehen, denn sonst kann er mögliche Gefahren nicht abwenden.

Erschießt der Jäger ein Wild, wird die Meute der Hunde hinjagen, um die Beute dem Jäger am Boden anzuzeigen. Manchmal kann man Eventbesucher beobachten, wie sie regelrecht zu einem besseren Sichtplatz hinjagen.

LEUCHTEN

Will ich von einer bestimmten Stelle beim Erkunden eines dunklen Ortes ablenken, werde ich vorsätzlich von diesem Ort wegleuchten. Haben zum Beispiel Diebe ihre gestohlene Beute im Keller verborgen, wollen sie kein Entdecken. Auch wer beim Graben in einem Stollen eine besondere Ader entdeckt hat, die ihm Gewinn verspricht, wird er bei erneutem Begehen mit Anderen von dieser Ader wegleuchten.

Wenn ich Kundiger bin bei einer Höhlenforschung, werde ich vorleuchten, damit die Unkundigen sich nicht verirren. Sticht etwas aus einer großen Fülle heraus, spricht man auch vom Vorleuchten, das heißt, man wird extra darauf aufmerksam. Doch das Vorleuchten zwingt auch zu ständig besonderen Leistungen, denn die Umwelt orientiert sich an vorleuchtendem Verhalten und verzeiht kein Verblassen oder Verlöschen.

Erwischt man mich beim Hinleuchten auf eine bestimmte Stelle, einen bestimmten Ort oder ein bestimmtes Verhalten, dann bin ich dabei ertappt, was mir besonders wichtig ist, den Anderen zu zeigen. Im Hinleuchten zwinge ich die „Suchenden" meiner Meinung des für mich Bedeutenden zu folgen.
Hinleuchten kann man aber nicht nur mit Lichtträgern sondern auch mit lobenden Worten kann man eine Leuchtspur legen, die verschiedenes Wünschenswerte anlockt.

HEBEN

Einen Topf auf einer Herdplatte, der angebranntes Kochgut beinhaltet, den werde ich sehr schnell wegheben, weil die Hitze sonst weiter wirkt, obwohl die Elektroplatte ausgeschaltet wurde. Auch schäumende Milch muss ich schnell von seiner Kochplatte oder vom Gas wegheben, weil sie sonst überläuft. Beobachte ich ein kleines Kind, wenn es eine Handbewegung in eine es schädigende Richtung macht, werde ich es blitzschnell wegheben, weil ich nicht erst durch Reden warten kann, bis es eine Warnung befolgt.

Besondere Aufmerksamkeit auf etwas zu lenken erreiche ich durch Vorheben bestimmter Eigenschaften oder Merkmale. Als Obst und Gemüse verkaufendes Kind musste ich Ware, die ich zuerst verkaufen wollte, durch Lob und Lockung vorheben – vor dem anderen Angebot.

Die Tortenverkäuferin wird das Stück, das sie verkaufen will auf die Pappenunterlage hinheben. Auch beim Einräumen einer Wohnung, müssen wir oft Möbel an eine bestimmte Stelle hinheben. Den Motor, den wir in ein Fahrzeug einbauen wollen, müssen Hebevorrichtungen an die entsprechende Stelle genau hinheben, damit die Anschlüsse passen. Beim Boot-slippen muss der Kran das Boot direkt auf die vorbereitete Unterlage hinheben, damit es den Winter trotz Kiel und Motor auf dem Land gelagert werden kann und es trotzdem umfallsicher begangen werden kann.

GREIFEN

Beobachtet man Affen beim Fressen, kann man oft das Weggreifen sehen, wenn sie kurz abgelenkt sind. So habe ich das Weggreifen selbst erlebt, als ich einem Affen die Hand schüttelte und er blitzschnell mein goldenes Armband weggegriffen hat. Ich konnte es aber durch scheinbares Bündnis mit anderen Affen über die lockende Sprache und seine neugierige Ablenkung wieder blitzschnell durch das Gitter ebenso weggreifen. Weggreifen ist das Schnellersein, wenn auch andere daran Interesse haben.

Manchmal müssen Inhalte in verstehbaren Schritten vermittelt werden und dabei irritiert ein Vorgreifen nur. Ein Vorgreifen in zu schwierige Leistungsforderungen, kann oft die Lust am Tun zerstören, weil keine Erfolge erzielt werden. Auch in Sitzungen muss ein Vorgreifen von Problemen ab und zu verhindert werden, weil manchmal erst Bereitschaft und Motivation bei den Verhandlungspartnern erreicht werden soll. Vorgreifen ist eine Eigenschaft der Ungeduld oder des fehlenden Einfühlungsvermögens in den Istmoment.

Wird mir eine verlockende Obstschale gereicht, werde ich hingreifen, um mir eines nach meinem Geschmack zu nehmen. Retter im Wasser werden zu dem um Hilfe suchenden Armen hingreifen, um ihn für die Rettung zu greifen und ihn in Sicherheit zu bringen. Beim Staffellauf muss der nächste Läufer genau hingreifen, damit der Stab nicht herunter fällt und dadurch wertvolle Zeit verloren geht.

KOMMEN

Oft fragen wir uns- wie konnte etwas nur wegkommen, wobei wir es meist selbst verlegt haben. Es gibt Ereignisse, bei denen wir noch recht gut wegkommen. Zum Beispiel wenn wir bei einem Unwetter keinen sehr großen Schaden zu beklagen haben. Auch bei Unfällen kann Glück uns noch recht gut wegkommen lassen, wenn wir keine bleibenden Schäden behalten. Besonders wertvolles Gut schließen wir in Tresore, um ein Wegkommen möglichst auszuschließen.

Es wird Vieles vorkommen, mit dem wir nicht gerechnet hatten. Das heißt, es ereignet sich. Doch aus einem Versteck werde ich im richtigen ungefährlichen Moment vorkommen. Schätze die die Erdgeschichte in der Erde gebildet hat, bezeichnet man auch als Vorkommen. Bestimmte schwerwiegende Fehler dürfen in Arbeitsabläufen nicht vorkommen. Deshalb sind oft Kontrollen sowohl technischer als auch beobachtender Art zwischengeschaltet. Es darf zum Beispiel nicht vorkommen, dass in einem Zoo ein Raubtier aus seinem Käfig entwischen kann. Oder aber auch das Verwechseln der Seiten bei einer Operation darf nicht vorkommen.

Ich verspreche mein Hinkommen, wenn ich eine persönliche Einladung erhalte, die mir wichtig ist. Man kann auch hören, dass Befragte – ob es reicht- antworten, ich werde schon hinkommen. Also es wird für eine bestimmte Zeit reichen oder die Menge ist genug für ein bestimmtes Vorhaben.

KLETTERN

Wegklettern ist vor etwas fliehen, das einem Angst macht oder von dem man nicht erreicht werden will. Sowohl Tier als auch Mensch bedienen sich solcher Methode. Sowohl der verfolgte Dieb als auch der Affe, der etwas erbeutet hat, kann man beim Wegklettern beobachten.

Elterntiere aber auch Menschen werden manchmal vorklettern über bestimmte Hindernisse, um dem Nachwuchs Mut zu machen und manchmal auch, um erst mal eine bestimmte Technik vorzuklettern. Sehe ich Efeupflanzen am Fenster vorklettern, dann werde ich ihn bald stutzen, damit das Licht durch die Scheiben weiterhin ungehindert ins Zimmer kann.

Sitzt eine Katze hoch oben im Baum und traut sich nicht herunter, weil sie zu jung ist und deshalb zu wenig Erfahrung hat, kann man manchmal Feuerwehrleute beobachten wie sie zu dem zu rettenden Tier hinklettern, manchmal müssen sie zum Hinklettern sogar eine Leiter nutzen. Hinklettern bedeutet Hilfe bringen also aufeinander zu, wegklettern voneinander weg und vorklettern Gefahren ergründen oder Technik vermitteln. Die Vorsilben werden also immer die Richtung und die Absicht anzeigen.

FALLEN

Bestimmte Pflichten und Aufgaben werden im Laufe eines Lebens wegfallen. Zum Beispiel die Versorgung der kleinen Kinder beweisen am besten beim Heranwachsen – wie so manche Aufgabe durch das Heranwachsen wegfallen und andere entstehen. Auch zum Zeitpunkt der Berentung wird deutlich, wie ein Eingebundensein in das soziale Miteinander Pflichten von dir verlangt, die plötzlich wegfallen. Du musst nicht mehr an einer bestimmten Zeit für ein bestimmtes fremdbestimmtes Handeln erscheinen. Das Wegfallen der Fremd- bestimmung ist der Vorteil des Alters, wenn man in der Zeit davor gut vorgesorgt hat.

Vorfallen kann jedoch in der gesamten Lebenszeit etwas, auf das du nicht gut vorbereitet bist. Ein Unfall, ein äußeres Wetterereignis, ein menschlicher Verlust. Wenn etwas vorfällt, dann muss man sofort darauf reagieren, denn das Wort besagt es schon, wenn es vor einem fällt, dann würde man bei Nichtreagieren stolpern.

Diese Reaktion verhindert manchmal ein Hinfallen, wie immer Vorsicht geboten ist, damit ein Hinfallen verhindert werden kann. Ob durch Unebenheiten, durch Glätte, durch sich körperliches Gehenlassen oder ein absichtlich in den Weg geräumtes Hindernis.

FÜHREN

Von einer Klippe werde ich mir anvertraute Personen wegführen, um einen Unfall zu verhindern. Schauspieler möchten das eingeübte Theaterstück vorführen. Auch Hundezüchter werden bei einer Ausstellung ihre Vierbeiner vorführen, um ihren Zuchterfolg zu zeigen. Ebenso Tauben- und Hühnerzüchter wollen ihre Erfolge vorführen. Im Unterschied dazu werden Sicherheitsbeamte die im Gewahrsam gehaltenen Personen zu einer Gerichtsverhandlung vorführen.

Eltern sind bei ihrer Erziehung darum bemüht, ihre Kinder zu einer bestimmten Entwicklungsreife hinzuführen, um ihnen zum Beispiel den Eintritt ins Schülerdasein zu erleichtern, während wir Sehbehinderte zu ihrem Ziel direkt hinführen.

Lehrer werden auf allen Gebieten darum bemüht sein, ihre Schüler zu einem bestimmten Leistungsniveau hinzuführen.

Hinführen bedeutet, Entwicklungsschritte auf bisher erreichten Stufen vorzubereiten, zu üben, um dann wieder Basis für das nächste Hinführen zu werden.

FLIEGEN

Nähere ich mich unvermittelt und plötzlich Vögeln, die auf der Erde sitzen oder im Gesträuch, werden sie wegfliegen.

Aber Vögel zeichnen sich bei ihrer Brutpflege dadurch aus, dass sie durch Vorfliegen ihrer Brut zeigen, wie sie ihre Nester verlassen und wieder erreichen. Es gibt sogar Vögel, die ihre Kinder bei den ersten Flügen direkt begleiten.

Hinfliegen ist ein volkstümlicher Terminus für Hinfallen. Aber zu manchen Urlaubszielen müssen wir hinfliegen, weil eine andere Reiseform zu lange dauern würde und dann werden wir von dort auch wieder wegfliegen.

Lassen wir Essensreste im Freien liegen oder stehen, dann können wir Fliegen oder Wespen oder Hummeln beobachten, wie sie hinfliegen, um sich daran zu laben. Auch Krähen kann man sogar auf Verkehrswegen beobachten wie sie unerschrocken zunächst hinfliegen und oft erst im letzten Moment wieder wegfliegen.

DREHEN

Spricht mich an einer Theke ein Mensch an, den ich nicht mag, werde ich mich von ihm wegdrehen. Wegdrehen des Körpers ist eine wortlose Kommunikationsform, die es auch im Tierreich gibt, die kein Interesse mehr aneinander haben. Da kann man eben auch bei körperlichem Wegdrehen eine Ablehnung erkennen.

Wird die Uhrzeit auf Sommerzeit umgestellt, muss ich die Uhren vordrehen, um die richtige Umgebungsgeschäftszeit auf meinen Uhren zu erkennen. Erwarte ich einen ersehnten Gast, möchte ich am liebsten die Uhren vordrehen, damit er „schneller" bei mir eintrifft.

Manche Geschichten weichen von der Wahrheit ab, weil wir sie beim Erzählen unseren Wünschen entsprechend hindrehen. Wie oft kann man von einem Diskussionspartner hören--- du wirst das schon wieder so hindrehen, dass du dabei gut davon kommst oder man nichts mehr dagegen zu sagen weiß. Im Gegensatz zu einem nicht erwünschten Angesprochenwerden, werden wir uns immer froh hindrehen, wenn wir selbst Lust auf eine Gesprächseröffnung empfinden.

GIESSEN

Abgestandenes Bier werden wir gern weggießen. Auch altes Blumenwasser ist Jeder bemüht, schnell wegzugießen, weil es oft unangenehme Gerüche an die Umwelt abgibt.

Bildhauer erarbeiten oft ihre Formen, indem sie sie aus bearbeitbarem Material vorgießen, ehe sie endgültig ihre Endform gestalten. Das Überprüfen des Vorstellungsbildes mit der Außenrealität ist das Ziel.

Gartenliebhaber werden sehr genau überlegen, wo sie das Wasser hingießen, damit die Wurzeln der zu pflegenden Pflanzen auch das Wasser aufnehmen können. Oft werden kleine Ringe um Pflanzen gegraben, damit sie das Wasser auch wirklich da hingießen, wo es auch nicht in unbeabsichtigte Umgebung wegfließt.

LAUFEN

Kleinen Kindern bereitet es Riesenspaß, den Eltern wegzulaufen, das Einfangen zu genießen und prompt laufen sie wieder weg, um sich wieder fangen zu lasen. Ist der Zuckerguss zu dünnflüssig, wird er vom zu umgießenden Kuchenstück weglaufen.

Modeschauen bestehen nur durch Vorlaufen in bestimmter Kleidung auf bestimmten Laufstegen. Diese Vorlaufen soll nur vorzeigen und nicht vor anderen an einem Ort zu sein. Wenn wir aber eine bestimmte Absicht verfolgen, ein bestimmtes Ziel erreichen zu wollen, dann kann es passieren, dass wir unsere Begleitung bitten, doch schon mal vorzulaufen, um Kunde zu geben, dass wir noch kommen. Du kannst doch schon vorlaufen, ist oft eine Äußerung, wenn der andere schneller gehen möchte als der zweite.

Passiert etwas Spektakuläres- egal ob ein Unfall oder ein fröhliches Spektakel, kann man beobachten, wie Menschen unvermittelt hinlaufen, weil sie das Gefühl haben, etwas zu verpassen.

LASSEN

Menschen; die sich gut kennen, können oft Informationen weglassen, die sie beim Erzählen fremden Menschen gegenüber geben müssten. Gute Künstler können beim Skizzieren von Gesichtern sehr viel Einzelheiten weglassen, weil sie Wesentliches erkennen und darstellen.

Stehe ich in einer Warteschlange liegt es an mir, ob ich nach mir Wartende aus irgendeinem Grund vorlassen werde. Bittsteller scheitern oft am Hauspersonal, die sie nicht vorlassen, ihr Gesuch selbst vorzutragen.

Kinder und Jugendliche betteln oft ihre Eltern an, dass sie sie zu Veranstaltungen oder zu Partyfeiern hinlassen und versprechen hoch und heilig, pünktlich und brav wieder zurück zu sein.

FINDEN

Wegfinden ist ein Wort für etwas sich aneignen, was einem nicht gehört. Dass man was Gefundenes oft nicht seinem Besitzer zuordnen kann, ist möglich, doch wegfinden bedeutet, dass man genau weiß, wem das Gefundene eigentlich gehört.

Situationen werden wir in jedem Moment vorfinden, auf die wir uns immer einstellen müssen. Erwarten wir dank unserer Vorstellungskraft das Vorgefundene, dann fällt uns das sich darauf Einstellen leichter. Wenn wir aber vorfinden, was wir niemals erwartet hatten, sind wir oft hilflos und unsicher.

Beschreibt uns Jemand einen Weg, den wir suchen, werden wir leicht hinfinden. Hinfinden verlangt immer ein wirklich angestrebtes örtliches Ziel.

REISEN

Wird mir ein Aufenthaltsort zu langweilig, bemühe ich mich, von dort wegzureisen. Ob dauerhaft oder nur für eine kurze Zeit hängt oft von meiner Lebenssituation ab. Wegreisen kann ich nur, wenn ich von meinem Arbeitgeber Urlaub bekomme oder aber ohne Arbeitsverhältnis lebe und ohne staatliche Zahlungen als Überbrückung.

Manchmal wird ein Partner vorreisen, um eine neue Heimstatt für die Familie vorzubereiten. Manche Wissenschaftler werden vorreisen, um ein Forschungsprojekt vorzubereiten und den anderen Wissenschaftlern ein störfreies Arbeiten zu ermöglichen.

Kinder werden zu Jubiläen der Eltern hinreisen, um ihnen ihre Achtung und Dankbarkeit zu zeigen. Studenten werden zu ihrer ausgewählten Universität hinreisen, um ihre Ausbildung an den bevorzugten Studieneinrichtungen zu beginnen oder fortzusetzen. Ein selbst ausgesuchtes Erlebnisziel lockt sehr, dass ich endlich dort hinreisen kann, um meine Neugier zu befriedigen.

PACKEN

Komme ich von einer Reise zurück, werden alle Kofferutensilien warten auf das Wegpacken. Ob es die schmutzige Wäsche für die Waschmaschine, den Waschbeutel, der auf die nächste Reise wartet, die Reiseunterlagen und Reiseführer harren des Wegpackens. Nach handwerklichen Reparaturen müssen wir das benutzte Werkzeug wieder wegpacken.

In einem Supermarkt achten die Angestellten darauf, dass sie die Waren, die das dichteste Verfallsdatum aufgedruckt haben, vorpacken, damit die Kunden zuerst danach greifen.

Katzen, die sich ein Spielobjekt ausgesucht haben, werden mit ihren Tatzen blitzschnell hinpacken, um es zu erwischen. Versanddienste müssen sorgfältig die Waren zu den verschiedensten Zielorten in ihrem Lieferauto hinpacken, damit die Auslieferung auch zeitökonomisch erfolgen kann.

RUTSCHEN

Wird in einem McDonald Laden gerade gewischt, wird dich ein Schild vor der Rutschgefahr warnen, denn durch die Nässe kannst du schnell wegrutschen. Vor Ölspuren auf der Straße soll das Bindemittel von der Feuerwehr die Motorradfahrer und Autofahrer vor dem Wegrutschen schützen.

Achtest du beim Justieren einer Schranktürangel nicht auf mögliches Verrutschen, wird die Tür nicht richtig schließen. Manche Eltern wollen auf Kinderrutschen erst mal vorrutschen, um die Gefahren richtig einschätzen zu können.

Wenn du jemand helfen willst, der in eine Eisfläche eingebrochen ist, wirst du vorsichtig soweit hinrutschen wegen der größeren Fläche im Liegen, bis du eine Stange zum Halten oder Ähnliches dem Hilfebedürftigen zuschieben kannst. Kinder, die etwas nicht essen wollen, kann man beobachten, wie sie etwas den Eltern hinrutschen, es hat den Anschein des Heimlichen als solle es unter der Tischoberfläche passieren.

ROLLEN

Handbremsen sollen ein Auto im Leerlauf davor schützen, dass er durch ein Straßengefälle wegrollen kann. Mistkäfer kann man beobachten, wie sie eine Mistkugel wegrollen, um sie ihrem Ziel näher zu bringen.

Bei einem Autocrossrennen kann man die Fahrer beobachten, wie sie zur möglichen Startposition vorrollen. Zur Bremsenkontrolle muss man das Fahrzeug auf die Vorrichtung vorrollen, um das Gerät zum Einsatz bringen zu können. Auch in der Waschstraße muss man genau in die Spur vorrollen, damit die automatische Waschstraße die Regie übernehmen kann.

Beim Murmeln bemüht sich Jeder, dass die Murmeln zur Kuhle hinrollen. Auch beim Kegeln soll die Kugel so genau hinrollen, dass die Kegel umfallen. Beim Golfspiel oder Bowlen starren ebenso alle auf den Ball oder die Kugel wie das Hinrollen zum gewünschten Ziel klappt.

RASEN

Eine Maus wird vor einer lauernden Katze wegrasen so schnell sie kann. Überhaupt kann man im Tierreich das Wegrasen der Gejagten vor Jägern gut beobachten. Manchmal erleben Menschen auch das „Wegrasen" der Zeit- obwohl diese immer gleich verläuft, wenn sie zum Beispiel etwas sehr Schönes erleben, das länger dauern sollte oder aber vor einer schwierigen Aufgabe, deren Durchführung sie fürchten.

Lässt man Hunde von der Leine, belohnen sie sich oft selbst durch ein wildes Vorrasen in die freie Beweglichkeit. Menschen mit unterschiedlichem Grundschritttempo werden oft vom Langsameren beschimpft, dass sie immer so vorrasen.

Fallen Geldscheine aus der Luft auf die Erde, werden alle Beobachter hinrasen, um welche zu ergattern. Auch bei werbemässig angebotenen Sonderrabatten kann man Menschen beobachten, die hinrasen, um daran Teil zu haben.

REITEN

Bei einem Derby ist jeder Teilnehmer bemüht, dem Pulk wegzureiten, wenn sein Pferd genug Kraft dazu hat. In jedem Westernfilm gibt es Szenen, wo Cowboys aus einem Ort oder von einer Stelle wegreiten.

Ein Scout muss oft vorreiten, um die Wegemöglichkeiten oder Gefahren zu erkunden. Der gute Reitlehrer wird auch mal eben Schülern bestimmte Übungen vorreiten, wenn er das Gefühl hat, dass die Sprache nicht ausreicht, den Schüler zum Ziel zu führen. Eine meiner Reitlehrerinnen wollte mir auf meinem Pferd mal was vorreiten, was sie von mir verlangte und bemerkte dann selbst, dass das mit diesem Pferd nicht möglich war.

Bei einem Reittournier kann man sehen, wie die geharnischten Reiter zum Gegner hinreiten, um ihn mit der Lanze vom Pferd zu stoßen. Zu einem gemeinsamen Treffpunkt werden alle Eingeladenen aus verschiedenen Richtungen hinreiten.

RICHTEN

Beim Hantieren mit gefahrvollen Gegenständen wie Messern, Degen, Schwertern oder gar Schusswaffen werde ich sie grundsätzlich von Menschen oder Tieren wegrichten.

Das Vorrichten begegnet uns in der Schweißtechnik ebenso wie beim Vorrichten der Speisen, was auch Anrichten genannt werden kann. Es in die richtige gewollte Anordnung bringen ist das Vorrichten.

Aber Hinrichten ist eineindeutig, denn das beinhaltet das endgültige Töten eines Menschen als beschlossene Rachetat oder gemeinschaftlich öffentlicher Urteilsvollzug in einer bestimmten Gesellschaftsstruktur.

STELLEN

Nach dem Abwaschen muss ich alles Geschirr und alle benutzten Gegenstände wieder wegstellen. Zerbrechliche Gegenstände werde ich wegstellen, wenn kleine krabbelnde Kinder sich durch die Wohnung bewegen und sich vielleicht an der Tischdecke hochziehen wollen. Auch gefährliche Flüssigkeiten muss ich sorgfältig wegstellen, damit sie nicht aus Versehen falsch benutzt werden.

Versuche ich eine neue Arbeitsstelle zu bekommen, muss ich mich vorstellen in ganzer Leiblichkeit. Anders ist das sich Vorstellen im Geiste, wo man alle Wissensfakten in der Vorstellung räumlicher und zeitlicher Ausdehnung zuordnet. Gegenstände, Verhalten, Reaktionen kann man sich vorstellen. Fehlt allerdings jede Erfahrung, dann ist Vorstellung unmöglich.

Dem Gast werde ich Getränke und Naschereien hinstellen, um ihm zu zeigen, dass ich mich freue, dass er mich besucht. Parkourbauer werden die Hindernisse beim Springreiten hinstellen, über die dann alle Teilnehmer springen müssen.

SCHIESSEN

Auf dem Jahrmarkt muss der Schütze das Porzellanröhrchen völlig wegschießen, um die darin stehende Blume zu ergattern.

Manchmal bittet ein Mitarbeiter seinen Arbeitgeber, ob er ihm etwas Geld vorschießen könnte von dem zu erwartenden Lohn in der Zukunft. Schlangen die eine Beute im Blick haben, kann man gut beim Vorschießen des Kopfes beobachten. Lurchtiere und Frösche lassen ihre Zungen blitzschnell vorschießen, um ihre Beute zu fangen.

Der Erfolg der Bogenschützen hängt davon ab, ob er seinen Pfeil in sein gewünschtes Ziel hinschießen kann. Feuerwerksraketen muss man richtig in den Himmel hinschießen, damit sie keinen Schaden in Erdnähe anrichten.

SEHEN

Wenn Menschen wegsehen beim Beobachten von Unrecht ob auf der Straße, im Verkehrsmittel oder auch in der engeren Umgebung ist oft nicht Angst der Grund sondern Desinteresse, Oberflächlichkeit und mangelnde Achtung vor den gesellschaftlichen, moralischen und ethischen Regeln.

Bewege ich mich auf unebenem Grund, muss ich mich vorsehen, um nicht zu stürzen. Aber auch im Umgang mit Menschen muss ich mich vorsehen, nicht auf Menschen mit anderen Wertvorstellungen hereinzufallen und so in eine ungute schädigende Gesellschaft zu geraten.

Ausstellungen werden in den verschiedensten Bereichen gestaltet, damit die Besucher besonders hinsehen und dadurch mehr Informationen erlangen, besser verstehen lernen und vielleicht auch im Alltag aufmerksamer werden und verantwortungsvoller auf das Geschehen in ihrer Umgebung hinsehen.

SEGELN

Bläst der Wind in die Segel, ergibt sich die Möglichkeit
durch geschicktes Manövrieren, den Anderen
wegzusegeln weil der Winkel die Segel die Windkraft
besser zum Antrieb nutzen kann.

Sind Schüler in einer Segelschule in ihren kleinen
Optimisten als Gruppe unterwegs, muss ein Wissender
vorsegeln, damit sie durch Nachahmen den Gebrauch der
Segel lernen.

Hinsegeln werden wir auf möglichst schnellstem Wege
zur Wendeboje, um die Regatta so erfolgreich wie
möglich zu beenden.

SCHWIMMEN

Nähert sich im Wasser ein Raubfisch, versuchen ganze Schwärme schnell wegzuschwimmen, um nicht gefressen zu werden. Nähert sich ein Boot einem Schwimmer, wird der wegschwimmen, wenn es für ihn eine Gefahr bedeuten könnte. Hast du am Kahn Enten gefüttert, kannst du sie beim Beenden sehr gut beim Wegschwimmen beobachten. Schwimmlehrer werden nicht vorschwimmen, denn das kann von den Schülern schlecht beobachtet werden. Die Bewegungen werden in der Luft trainiert und dann muss der Schüler am Rettungsring oder der Schlaufe dem Lehrer vorschwimmen bis der den Versuch wagt, den Schüler ohne Hilfsmittel vorschwimmen zu lassen.

Die Rettungsschwimmer an Stränden oder in Bädern werden zu Hilfesuchenden schnell hinschwimmen, um Hilfe zu leisten. Manchmal wird auch unter Freunden ein Ziel vereinbart, zu dem sie um die Wette hinschwimmen, um zu zeigen, wer das bessere Durchhaltevermögen besitzt.

SPRINGEN

Willst du einen Grashüpfer fangen, wirst du oft keinen
Erfolg haben, weil du ihn wegspringen siehst. Rehe
können sehr schnell wegspringen, wenn sie eine Witterung
aufgenommen haben. Da Pferde Fluchttiere sind, besteht
die Gefahr für den Reiter, dass sie beim Erschrecken sehr
ruckartig wegspringen und der Reiter vom Pferd fallen
kann.

Im Frühling kann man das Vorspringen der grünen Triebe
aus der Erde manchmal nur mit großem Staunen erleben.
Plötzliche Wärme und Feuchtigkeit führt zu solchem
Vorspringen aus der verschlossenen Knospe zum Beispiel
an Obstbäumen.

Kleine Tiere kann man beobachten, wie sie schnell zur
Mutter hinspringen, wenn sie zu weit vorgesprungen
waren. So springen Fohlen. Kälber aber auch andere
Jungtiere zur Mutter hin. Erlebt eine Mutter, dass ihr Kind
hinfällt, wird sie meist schnell hinspringen, um zu sehen,
wie es dem Kind geht und nach Verletzungen sehen.
Hinspringen ist das eilige Zielerreichen.

STECKEN

Wie oft müssen wir Kritik wegstecken, also hinnehmen, ohne eine Möglichkeit einer Verteidigung. Im Unterricht ermahnen Lehrer oft Schüler, dass sie Spielzeug in der Stunde wegstecken müssen- wie die Größeren das Handy.

In der Ausbildung werden manche Ausbilder zunächst die Anschlüsse für den Arbeitsablauf vorstecken, dann Funktionskontrollen zeigen und dann müssen die Azubis es wieder an dieselben Anschlüsse stecken.

Klappt das genaue Hinstecken nicht, wird die gesamte Funktion des Gerätes gestört sein.

SETZEN

Fühle ich mich bei freier Platzwahl neben einem Nachbar nicht wohl, kann ich mich wegsetzen. Den Topf werde ich von der heißen Kochplatte wegsetzen, wenn der Garprozess sofort unterbrochen werden soll.

Um zu gehen, laufen oder rennen muss ich jeweils ein Bein vorsetzen. Gastgeber werden dem Gast die Speisen und Getränke vorsetzen.

Hinsetzen bedeutet, die Körperstellung zu verändern und den Schwerpunkt auf das Gesäß zu verlagern. In der Rechtschreibung wird das richtige Hinsetzen der Interpunktionszeichen gefordert.

SPITZEN

Ärzte versuchen durch gezielte Gelenkinjektionen, die Schmerzen wegzuspritzen. Durch mehrmaliges Einstechen in Muskelgewebe erreichen sie durch das so genannte Quaddeln die Irritation der Stelle und verführen den Muskel zur Entspannung.

Konditoren zeichnen die gewünschte Form auf Torten durch Vorspritzen der Umrisse mit Farbe oder Zuckerlösung. Auch Sprayer kann man beim Vorspritzen ihrer beabsichtigten Bilder beobachten.

Kinder mit Wasserpistolen bemühen sich sehr, zum ausgesuchten Opfer hinzuspritzen, damit der Schabernack gelingt.

SCHMEISSEN

Wenn Kinder Dinge wegschmeißen, zeigen sie uns einen Unwillen oder das Ende der Freude, damit zu spielen. Man kann auch hören „ich könnte mich wegschmeißen" vor Lachen oder die Aufforderung, dass man unnütze Dinge endlich wegschmeißen solle. Speerwerfer bemühen sich um erfolgreiches Wegschmeißen. Ebenso wie Schlagballwerfer oder Diskussportler.

Bei einer Verfolgungsjagd zu Fuß kann man oft beobachten , wie die Fliehenden dem Verfolger Dinge vorschmeißen, dass er darüber stürzt.

Aber eine Lehre sollte Keiner hinschmeißen, weil alle Mühen um einen abgeschlossenen Beruf schwinden. Ist das Hinschmeißen erst mal geübt, werden auch zukünftige Schwierigkeiten zum Hinschmeißen verführen.

SCHMINKEN

Viele Menschen möchten Altersfalten wegschminken,
obwohl gerade Falten das Außengesicht der Seele sind.

Manche wollen auch der Natur ins Handwerk fuschen und
kleine Unebenheiten ihrer Haut zeitlebens wegschminken.

Der Maskenbildner wird eine gedachte Wirkung durch
Vorschminken erproben bevor er das gewünschte
Gesichtsbildung mit beabsichtigter Wirkung endgültig
hinschminkt.

Auch bei Erzählungen kann man das sogenannte
Verändern eines Inhalts durch „Hinschminken" erleben.

Hinschminken meint das absichtliche Verändern einer
realen Gegebenheit.

SPÜLEN

Läufst du am Strand in Wassernähe durch den feuchten Sand, hinterlässt du Spuren von deinen Schritten. Schon kleine auslaufende Wellen werden den Abdruck wegspülen, als wärst du niemals dort gewesen.

Im Restaurant, in dem auch noch mit der Hand das Geschirr gereinigt wird, wird das Vorspülen durch Küchenhilfen den ersten Schmutz beseitigen. Selbst Spülmaschinen bedienen sich des Vorspülens als eigenen Arbeitsgang.

Aber Hinspülen kündet oft von Unerwartetem, das scheinbar im Fluss oder See oder Meer verborgen war. Auch beim Kärchern von Booten nach der Sommersaison beim Liften sind so viel Muscheln und Schmutzpartikel am Boden, dass sie zum Abfluss hingespült werden müssen.

SENDEN

Pakete werden die Absender zu ihren Lieben wegsenden zu einem Zeitpunkt, dass sie zum bestimmten Ereignis pünktlich beim zu Beschenkenden sind.

In der Armee gibt es ganze Gruppen von Pionieren, die die Generäle vorsenden, um die Istlage zu erkunden und die Strategien weiterer Schritte zu optimieren.

Organisationen haben oft länderübergreifende Informationstreffen, zu denen sie Abgeordnete hinsenden, damit das gemeinsame zukünftige Handeln dem gemeinsamen Ziel untergeordnet werden kann.

SCHIEBEN

Aufgaben, die mir unangenehm sind, werde ich gern wegschieben, in der Hoffnung, dass sie vielleicht später nicht mehr nötig sind oder ein Anderer sie bereits erledigt hat.

Bin ich unlustig oder abgeneigt, ein Treffen wahrzunehmen, werde ich oft einen scheinbaren Verhinderungsgrund vorschieben, um mich nicht zu offenbaren.

Das Hinschieben ist eine Handlung, die sowohl im Wohlwollen als auch im Ärger zu beobachten ist. Bin ich daran interessiert, dass der Andere gut von mir denkt, werde ich vielleicht das größere Stück Torte ihm hinschieben aber bei zu erledigenden Arbeiten könnte ich die unangenehmere Arbeit auch einem Anderen hinschieben.

STOSSEN

Wenn mein Hahn mich wie eine Furie angreift, werde ich ihn wegstoßen, um nicht noch mehr blaue Flecken von ihm verpasst zu bekommen.

Gehe ich durch unbekanntes Gebiet, ist jeder Schritt ein Vorstoßen, im Erkunden der Gegend. Auch Abenteurer zu Lande oder zu Wasser oder aber auch in den Bergen wollen immer zu Neuem vorstoßen.

Beim Hinstoßen handelt es sich meist um eine körperliche lieblose Ermahnung und „Richtungshilfe", zum Beispiel endlich eine bestimmte Aufgabe zu erfüllen.

SCHLAGEN

Jeder wird eine Mücke wegschlagen in der Hoffnung, sie hätte ihn noch nicht gebissen/gepiekst. Wenn wir nachts schwitzen, kann man mehr fühlen als sehen, denn unsere Augen sind schlaftrunken zu – wie wir das Deckbett wegschlagen, das wir uns dann nach dem Abkühlen wieder heranzotteln.

In einer Gruppe, die gemeinsam etwas unternehmen will, wird immer der eine oder Andere etwas vorschlagen, was die Anderen dann abwägen bevor sie entscheiden.

Beim Benutzen eines Hammers sollten wir sehr achtsam sein, damit wir auf den Nagelkopf hinschlagen und nicht auf unsere haltenden Finger hinschlagen.

SCHAFFEN

Liegt ein großes Arbeitspensum vor uns, sind wir daran interessiert- so viel wie möglich davon wegschaffen zu können. So wie wir Verpackungen und Abfall wegschaffen, damit wir nicht im Müll versinken. Spezielle Unternehmen sorgen dann für das Wegschaffen vom Domizil.

Damit die Firmen es einladen können, müssen wir es vom privaten Grund auf öffentlich zugängiges Gelände vorschaffen.

Bestellte Cateringunternehmen werden engagiert, dass sie die Bestellung zum Veranstaltungsort hinschaffen. Das kleingehackte Holz müssen wir zum Kamin oder Grillofen hinschaffen, um das Feuer zu erhalten.

SCHICKEN

Manche Post müssen wir zu einem bestimmten geforderten Termin pünktlich wegschicken. Manche Eltern werden ihre Kinder aus ihrem elterlichen Milieu wegschicken, damit sie Erfahrungen und Sprachkenntnisse sammeln können.

Familien, die eine Umsiedelung vorhaben, sind manchmal bereit, jemand vorzuschicken, damit bestimmte Dinge vorbereitet werden können. Armeen werden Kundschafter vorschicken, damit sie sich entsprechend der gegebenen Situation verhalten können.

In vielen Ländern, in denen die Schulpflicht herrscht, müssen Eltern ihre Kinder zur Schule hinschicken, denn nicht alle gehen freiwillig. Bin ich plötzlich erkrankt, muss ich das Attest meinem Arbeitgeber hinschicken, damit er mein Fernbleiben nicht ahndet.

STÜRMEN

Nachdem die Besucher eines Pferderennens auf dem Vorreitplatz sich die Pferde und Jockeys angesehen haben, kann man sie oft wegstürmen sehen zu den Wettschaltern, damit sie zeitig genug ihren Einsatz deponieren.

In Kindergruppen sind oft Einzelne dabei, wenn sie in ihre Eigenregie entlassen sind recht unkontrolliert wegstürmen. Solche muss der Erzieher besonders im Auge behalten.

Will der Begleiter von Kindergruppen schneller alle an einem Ort versammeln, wird er eine besondere Attraktion verkünden oder einen Lohn ausrufen, damit sie zu ihm hinstürmen. Selbst Werbung in Handelshäusern erzeugt dieses Hinstürmen. Stelle ich meinen Küken besondere Leckereien in ihr Gehege, kann man sie beobachten, wie sie zu mir- besser zu den Leckerlis hinstürmen.

TANZEN

Alle drei Präfixe sind beim Tanzen – besonders bei der Balz von Vögeln zu beobachten.

Sie tänzeln teilweise weg, präsentieren sich dann durch Vortanzen und dann kommt oft ein zueinander Hintanzen. Jeder kann sich seinen Vogel selbst aussuchen, bei dem er alle drei Verhaltensmerkmale beobachten kann. Auch beim menschlichen Tanzen sind die drei Elemente vertreten. Spannung aufbauen durch Wegtanzen, brillieren wollen durch Vortanzen und den Lohn einheimsen wollend nach dem Hintanzen.

TRAGEN

Kellner müssen das abgegessene Geschirr oder die benutzten Gläser vom Gästetisch wegtragen, wenn sie für die nächsten Speisen oder Getränke Platz schaffen wollen. Vortragen ist eine eigene Geschichte. Man kann eine Erzählung, ein Gedicht, einen Erlebnisbericht, ein Forschungsergebnis, ein Lied vortragen. Auch eine Bitte. Vortragen ist nur per Sprache oder Stimme im Gesang möglich.

Das Wegtragen oder Hintragen ist eine körperliche Außenaktion. Es gibt zig Beispiele für Hintragen, die der Lesende sich selbst ausdenken kann. Vom Räucherstäbchen zum Buddha-Tempel bis zum Grabstrauß auf den Friedhof.

TRETEN

In der Armee kann man das Kommando „Wegtreten"
immer hören nach jeder Meldung an einen Vorgesetzten
oder nach dem Appell an alle.

Eine Träumerei kann auch zum Wegtreten aus der
Wirklichkeit führen. Wie auch ein Unfall Ursache für ein
Wegtreten aus der äußeren wahrnehmbaren Sinnes-
funktion sein kann, wodurch keine Kommunikation mit
der Außenwelt zeitweise möglich ist.

Vortreten ist nicht nur eine Pflicht des Rapport gebenden
Soldaten sondern auch ein krankhaftes Symptom, wenn
die Schilddrüse nicht richtig funktioniert, so kann man
zum Beispiel die Augäpfel vortreten sehen. Krampfadern
können vortreten, das heißt sie sind erhaben über der
normalen Haut.

Ein Brautwerber wird vor seine Braut hintreten, um ihr die
für ihn bedeutende Frage zu stellen, ob sie ihn heiraten
will. Beantwortet sie sie mit JA, dann werden Beide vor
den Altar hintreten.

WISCHEN

Weinen wir erlaubt und begründet, brauchen wir die Tränen nicht heimlich wegzuwischen. Mancher möchte altes Verhalten einfach wegwischen, um nicht daran im Ist gemessen zu werden.

Sind besonders haftende Verschmutzungen am Fußboden zu reinigen, wird manchmal ein Vorwischen nötig sein, damit die Schmutzreste sich aufweichen lösen können.

Für das Hinwischen fallen mir nur Maler ein, die gezielt die auf die Leinwand aufgeworfene Farbe an eine ihren Vorstellungen entsprechende Stelle des Bildes hinwischen. Bei Katzen kann man auch das schnelle Hinwischen beobachten (beim Menschen eine schnelle Ohrfeige).

WINKEN

Wegwinken ist eine eindeutige Information das Verschwinden zu fordern. Ob das Dazukommen peinlich oder gefährlich wär', bleibt dabei offen.

Das Vorwinken dient der Holinformation aus einer Gruppe oder einer sich anstellenden Menschengruppe zum Beispiel an der Kasse oder vor der Disco. Stehen zwei, die zusammengehören in verschiedenen Reihen, dann wird der eher an der Reihe seiende den andere vorwinken.

Das Hinwinken ist ein Dirigieren einer Person zu einer anderen Standposition oder aber auch das auf sich aufmerksam machen wollen, denn ich glaube niemand, dass er nur zum Prominenten hinwinkt, weil er ihm huldigen will, heimlich hofft er auf ein Gesehenwerden.

WERFEN

Wegwerfen ist eine unvernünftige Eigenschaft einer Überflussgesellschaft. Viele pflegen das Wegwerfen also Aussortieren nur, um sich Neues anzuschaffen.

Das Vorwerfen ist das Verwerten der Fehler in der Vergangenheit im Kommunikationsprozess in der Gegenwart. Wenn Argumente im Ist fehlen, kommt das Vorwerfen aus früher Erlebtem.

Hinwerfen ist ein Zeichen von fehlendem Kampfgeist und fehlender Zielorientiertheit. Wenn das Ziel einem selbst bedeutsam genug ist oder aber auch von einem geliebten Menschen, wird man nichts hinwerfen, sondern nach anderen Lösungswegen suchen. Hinwerfen ist aber auch eine nötige Handlung im Sport, um einem Mitspieler die Möglichkeit zu verschaffen, einen Korb oder ein Tor zu erreichen.

ZIEHEN

Von einem Abgrund werde ich gefährdete, mir
Anvertraute schnell wegziehen, damit kein Unglück
passiert. Droht ein Hund bei meiner Absicht, ihn zu
streicheln mit Knurren, werde ich sehr schnell meine
Hand wegziehen.

Was mir mehr zusagt, werde ich immer dem nicht so gut
bewerteten Angeboten vorziehen. Wenn Lehrer einen
Schüler vorziehen, dann trifft den Schüler oft die Strafe
der nicht Vorgezogenen.

Wie oft kann man hören: du wirst das schon so hinziehen
wie du es brauchst.
Da ist die geschickte Beleuchtung einer Angelegenheit im
gewünschten Licht gemeint. Egal ob in der Befürwortung
oder Ablehnung. Auf jeden Fall zum persönlichen Vorteil,
sonst ist ein Hinziehen nicht nötig.

ZERREN

Eltern müssen ihre Kinder von verlockenden Schaufensterauslagen oft wegzerren. Ebenso im Tierpark, wenn sie verblüfft vor manchem Gehege stehen bleiben wollen und nicht selbst neugierig weiter gehen.

Werden wir von einem Ordnungshüter nach unseren Papieren gefragt, werden wir sie widerwillig aus unseren Taschen vorzerren, damit uns größerer Ärger erspart bleibt.

Manchen Verlobten wollte die Braut schon viel früher zum Altar hinzerren. Auch ähnelt das aus dem Haus locken eines Fernsehmuffels schon manchmal einem Hinzerren zu einem interessanten Event.

ZAUBERN

Magier verblüffen ihre Zuschauer durch scheinbares Wegzaubern von Gegenständen, Tieren oder Personen.

Ebenso verblüfft sind die Bewunderer dann wieder über das Vorzaubern.

Aber gute Köche können mit wenig Zutaten sehr schmackhaftes Essen hinzaubern, wenn es ihnen nicht an Kreativität mangelt. Das Hinzaubern ist eine Fähigkeit, Andere mit nicht erwarteten Arrangements zu verblüffen – sei es für Feste oder auch in der täglichen üblichen Lebensgestaltung.

PFLANZEN

Manche Pflanzen haben so ein schnelles Wachstum, dass man sie von langsam wachsenden wegpflanzen muss, weil sie denen sonst das notwendige Licht, Wasser und Raum zu sehr beschränken.

Das Vorpflanzen bezeichnet das direkt vor der Nase etwas zu errichten. Ob nun ein Haus oder eine Mauer oder bei einem Event sich als Mensch direkt vor einem Anderen zu postieren.

Das Hinpflanzen kennen wir beim Errichten einer bestimmten beabsichtigten Blumenrabatte oder eines Beetes mit einer gewollten Wirkung oder aber auch nach einem arbeitsreichen Tag als das Hinpflanzen in die gemütlichen Wohnmöbel zu Hause.

LEBEN

Jeder Tag bedeutet Wegleben von der in Deiner Natur oder deinem Script oder deinem Schicksal gegebenen Zeit des Erdendaseins.

Dass Eltern den Kindern durch Vorleben eine Prägung geben funktioniert ebenso wie in der Tierwelt. Denn Nachahmen ist das erste Lernverhalten. Dieses Vorleben bezieht sich auf den Umgang mit dem Körper, dem Geist und oft auch der Seele, indem die Kinder Teil haben an den Emotionen der Eltern.

Manchmal können wir uns im Hinleben auf ein bestimmtes Ereignis, eine Reise, eine berufliche Veränderung, auf ein persönlich angepeiltes Ziel erfühlen. Das bedeutet eine Spannung und stetes Zählen der Nochzeit bis zu dem Ereignis.

Wegleben verkürzt die Zeit des Erdenseins, macht also oft traurig, Hinleben erhöht die frohmachende Spannung und ist Jedem zu wünschen.

KLETTERN

Alle drei Kletterformen sehen wir, wenn wir an einem Affengehege verweilen. Wie sie wegklettern, wie oft Ältere den Jüngeren etwas vorklettern und wie die Jüngsten zu den Mamas hinklettern. Beobachtet man Kinder auf dem Spielplatz ist dasselbe Szenario zu sehen. Alle körperlichen Bewegungsverben lassen ein „WEG—VOR—HIN" zu

PS: Ich würde mir wünschen, dass das Lesen dieser Gedanken nicht zum Weglegen des Buches führt, dass es zur Diskussion über die Gültigkeit des Ausgedachten mancher vorlegen wird und vielleicht es der Eine oder Andere dem zu Beschenkenden hinlegen könnte.